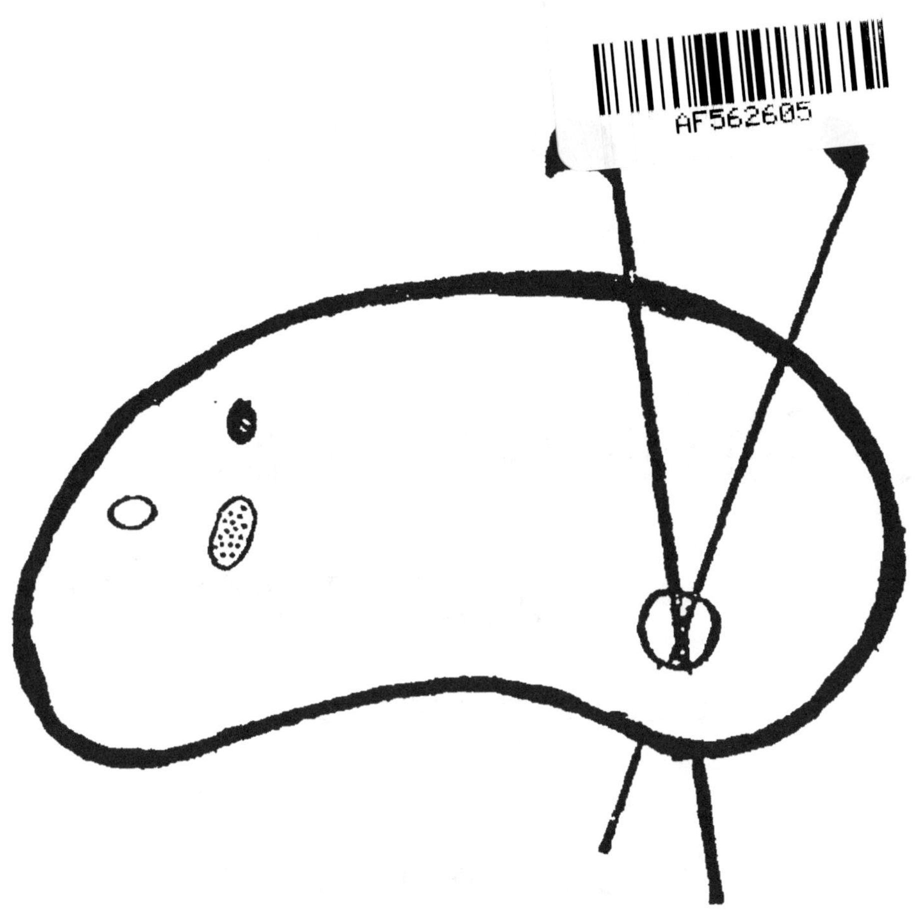
AF562605

NATIONAL DES FEMMES FRANÇAISES

SECTION DU SUFFRAGE

Le Rôle de la Femme dans la Société

CONFÉRENCE

DE

Mlle THÉRÈSE MERCIER

Institutrice Publique

AVRIL 1908

PARIS

Imprimerie Charles BUQUET

20, Passage du Pont Neuf (6e)

Prix : 30 centimes

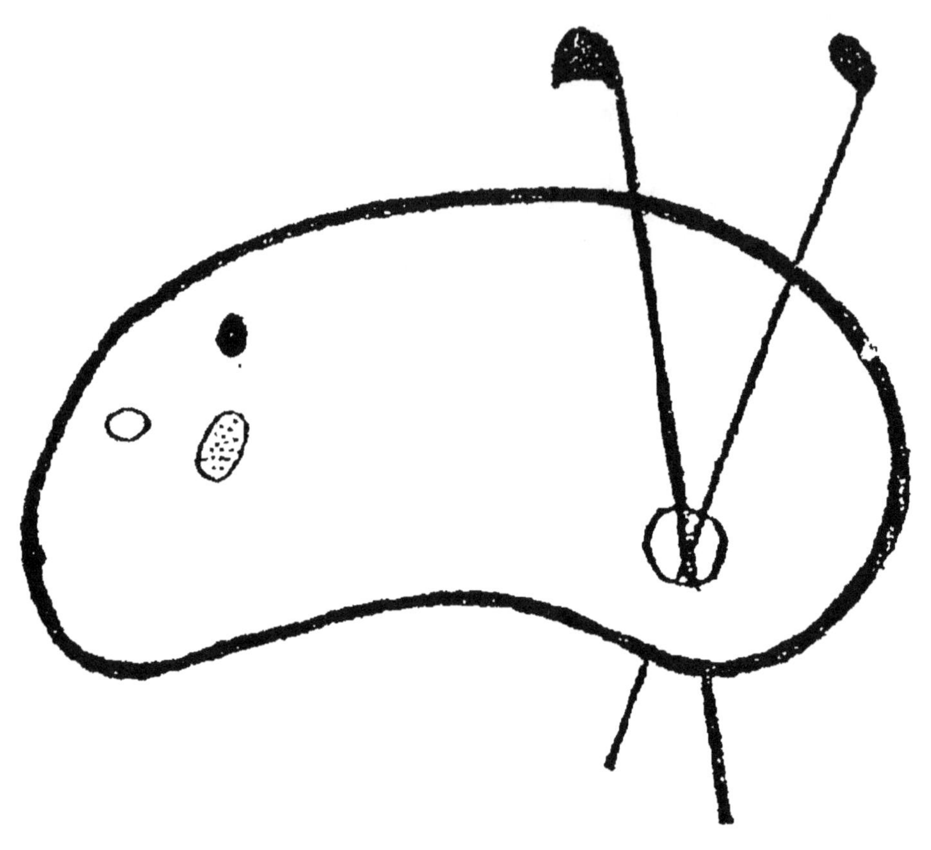

FIN D'UNE SERIE DE DOCUMENTS
EN COULEUR

LE ROLE DE LA FEMME DANS LA SOCIÉTÉ

AVANT-PROPOS

La Section du Suffrage du Conseil National des Femmes Françaises, avait organisé sous la Présidence d'honneur de M. le Sénateur Delpech, et sous la Présidence effective de Mme Marie Georges Martin, sa Présidente, une Conférence, salle de la Société de Géographie, le 9 Avril 1908.

Plus de cinq cents personnes occupaient toutes les places de la salle, et à l'estrade, on remarquait aux côtés de M. le Sénateur Delpech et de Mme Marie Georges Martin, Mlle Sarah Monod, Présidente du Conseil National, Mme Jules Siegfried, Vice-Présidente du Conseil National, Mme Avril de Sainte-Croix, Secrétaire Générale du Conseil National, Mme Péronneau, Vice-Président de la Section du Suffrage, Mme Maria Martin, Secrétaire du Conseil National, Mme d'Abbadie d'Arrast, Présidente de la Section de Législation, M. le Député Beauquier, Président du groupe féministe de la Chambre des Députés, M. Herbette, Maire du VIe arrondissement, M. Lampué, Vice-Président du Conseil Municipal, M. Pierrotet, Maire du Ve arrondissement, M. le Docteur Georges Martin, ancien Sénateur, M. Henri Monod, Maire-Adjoint du XVIe arrondissement, Mme de Moutaut, Mme Pégard, Présidente de la Section du Travail, Mme Kergomard, Présidente de la Section de Législation, Mlle Auberlet, Secrétaire de la Section du Suffrage., Mlle Cécile Kahen, Mme Maria Véronne, Avocate, Mme Edouard Petit, et nombre d'autres personnalités acquises au mouvement féministe.

La conférence faite par Mlle Thérèse Mercier sous ce titre : *Le Rôle de la Femme dans la Société*, ayant obtenu un très vif succès, et sa publication nous étant réclamée par nombre d'auditeurs désireux de la lire et de la faire lire, nous en avons fait faire un tirage limité au nombre des auditeurs.

Le Rôle de la Femme dans la Société

Conférence de Mlle Thérèse MERCIER

Mesdames, Messieurs,

La question du rôle de la femme dans la société a été de nos jours bien souvent discutée. C'est une de celles qui, en général, passionnent le plus les femmes et ennuient le plus les hommes; c'est aussi l'un des points de la question sociale qui soulève les problèmes les plus hauts et les plus délicats et qui présente l'intérêt le plus universel. Je n'ai pas l'ambition de les traiter d'une façon complète, mais de l'effleurer sur quelques points seulement. Je le ferai en tâchant, d'une part, d'esquisser le rôle de la femme tel qu'il m'apparaît être en réalité dans notre société moderne; d'autre part, en l'indiquant tel que nous devons, je crois, le rêver tous, pour le plus grand bien de l'humanité. Je me permettrai aussi d'examiner quelques-uns des arguments qu'on oppose le plus fréquemment à la réalisation de ce rôle idéal. Si dans mon ardeur à défendre la femme, il m'arrive d'être sévère pour l'homme, je prie ceux qui sont ici de ne m'en point vouloir; je sais qu'il est des hommes sots et méchants, comme il en est de bons et intelligents; et je me permettrai de ranger parmi ces derniers tous ceux qui se sont rendus ce soir à notre invitation et qui viennent sans arrière-pensée je le suppose, entendre plaider la cause féministes.

Nous vivons à une époque de crise et de transition où des transformations profondes s'élaborent au sein de la société. Des tendances humanitaires ont pénétré nos institutions et nos lois; mais, tandis que l'avenir s'ébauche, le passé, qui n'est pas mort encore, continue à peser sur le sort de la femme. Tandis qu'elle s'affranchit déjà par l'intelligence et par le travail, elle reste asservie par la force d'habitudes séculaires et de préjugés très nombreux. Entre le rôle qu'on lui assigne encore et celui auquel elle aspire, son rôle véritable reste mal défini, variable, suivant sa condition sociale, suivant aussi son degré de culture intellectuelle et le travail auquel elle se livre.

Et tout d'abord, il convient d'établir entre les femmes deux catégories : celles qui sont mariées, celles qui ne le sont pas. Les premières, en qui repose l'avenir de la race, ont un rôle social de la plus haute importance et sont encore sous la domination étroite de l'homme. Les secondes, en qui s'affirme l'indépendance de la femme vis-à-vis de l'homme, ont un rôle essentiellement individuel, dont l'exercice est souvent entravé par l'éducation qu'elles ont reçue, par les préjugés et les coutumes.

La femme mariée doit, de par les lois naturelles, une partie de sa vie à la maternité et à l'éducation de ses enfants. Ces devoirs, dont nous ne saurions nier la haute moralité, empiètent sur son existence personnelle et la mettent, pendant un temps plus ou moins long, dans un état d'infériorité individuelle vis-à-vis de l'homme. C'est sur cette infériorité, momentanée que sont basées nos lois et nos coutumes; c'est d'elle aussi que l'homme s'autorise pour établir à son avantage les bases de la famille et pour faire de la femme sa propriété et sa chose. A dater du jour de son mariage, la femme devient une mineure et une incapable. Même si elle est sérieuse et intelligente, et que son mari soit par hasard sot ou débauché, elle reste sous sa tutelle. Elle ne peut, sans son consentement, ni disposer de ses biens, ni prendre aucune décision grave concernant son sort ou celui de ses enfants. Au foyer qu'elle a créé. elle occupe une place inférieure et il lui faut en toute chose, s'en reposer sur l'homme, à qui elle doit — le mot n'est pas encore rayé du Code — obéissance autant que fidélité. Et l'habitude veut aussi que, tout en devenant sa compagne, elle reste un peu sa servante et qu'il s'en repose sur elle de tous les soins matériels qui lui déplaisent. Les travaux du ménage, qui ne sont peut-être pas, en principe, inférieurs aux autres, ont le grand tort de n'être pas productifs d'argent; ils apparaissent à l'homme comme faciles et bornés et il les rejette sur la femme sans songer que — le soin des enfants mis à part — ils ne sont peut-être pas non plus toujours en rapport avec ses goûts et son intelligence. Si, par vertu domestique, elle s'y applique cependant, ils ont bientôt fait, à moins qu'elle ne réagisse avec énergie, de la rendre casanière, par leur absorbante monotonie, d'engourdir son esprit, de préparer en elle un terrain propre au développement de préjugés et d'idées étroites, dont se ressentira l'éducation de ses enfants et qui pèseront plus tard sur leur existence. Mais, il faut bien le dire aussi — et cela est à l'éloge de l'homme — la femme, quelle que soit au foyer l'humilité de la place qui lui est assignée, y règne souvent en maîtresse et s'y voit respectée. L'homme, si souvent fier de sa force et de ses prérogatives, sait parfois en comprendre la vanité et reconnaître que la femme le vaut, qu'elle est moralement son égale. Il a compris ces choses surtout depuis que les conditions d'existence devenant plus difficiles, il fut forcé de demander son aide dans la lutte extérieure pour le pain quotidien. En nos jours de lutte et d'exigences vitales, l'homme est rarement capable, quel qu'en soit son désir, de subvenir seul aux besoins de la famille, dont il est légalement le protecteur et le maître. S'il n'a pas de fortune personnelle, ou s'il ne s'est pas laissé prendre à l'appât d'une dot, il est bien forcé de renoncer à l'idéal qu'il s'était fait, d'une femme à son foyer, qu'il ferait vivre, en échange de son affection, de ses services et de ses soins. Il n'est pas rare, de nos jours, de voir la femme mariée, la mère de famille, joindre son salaire à celui de son mari, et s'occuper comme lui, soit à quelque travail matériel, soit à quelque fonction libérale. Elle ne délaisse pas pour cela son ménage ni ses enfants, bien qu'ils soient un surcroît de fatigue, et, dans ces cas, l'homme lui-même doit bien le reconnaître, elle lui est, et par la somme de travail qu'elle fournit, et par l'énergie dont elle fait preuve, infiniment supérieure. Aux dépens de sa jeunesse et de sa santé, elle remplit le double rôle dont il serait incapable; elle partage toutes ses luttes et tous ses labeurs, elle en a d'autres qu'il ne connaît pas, et cependant il est libre, tandis qu'elle reste esclave. Sans doute, cet esclavage n'est pas dur toujours. L'homme se montre souvent bon maître et protecteur généreux; mais elle n'en est pas moins à la merci de sa valeur morale et de sa générosité. Si, par malheur, il est brutal ou débauché, elle n'a contre lui qu'un seul recours très grave, le divorce, devant lequel l'épouse n'hésiterait peut-être pas, mais qui, avec juste raison, effraie la mère. Et, ce qu'il y a de triste, c'est que les hommes qui font le plus cruellement sentir à la femme leurs droits, sont, en général, les moins dignes de les exercer.

La femme non mariée, bien qu'indépendante de l'homme, a

ses misères aussi, qu'elle n'a pas méritées. Elle est victime, non plus des lois, mais de forces obscures et complexes, qui entravent son initiative et son libre développement, de préjugés et de coutumes qui lui rendent plus difficiles qu'à l'homme les conditions d'existence, et plus aride la lutte. Ses souffrances varient à l'infini, suivant le sort qu'elle a su se faire ou que les circonstances lui ont fait. De la vieille fille à la prostituée, de la femme intellectuelle à l'ouvrière, il y a place pour toutes les luttes et toutes les misères.

Si je parle de la vieille fille, c'est qu'en France, on l'a beaucoup critiquée, sans lui accorder toujours le respect que son humble vie meritait; c'est aussi qu'en elle, plus qu'ailleurs, végètent les forces obscures dont j'ai parlé et qu'elle représente l'esprit féminin dans les défauts qu'on lui reproche le plus : la résignation et le mysticisme. Dans les pays anglo-saxons et scandinaves, où les femmes reçoivent une éducation saine et forte, les vieilles filles, non seulement échappent au ridicule, mais ont été souvent l'un des grands agents de progrès. Il n'en est pas de même en France, où l'on prépare la jeune fille au mariage, en la laissant dans l'ignorance, en la gardant dans une tutelle étroite, en la mettant dans l'incapacité d'être quelqu'un par elle-même, et de choisir librement, consciemment sa vie. On lui apprend que le mariage est pour la femme un devoir et une nécessité, sans songer qu'il ne dépend pas d'elle toujours de le réaliser. On ne songe pas assez que les difficultés vitales, et quelquefois aussi — je ne dis pas toujours — l'égoïsme naturel de l'homme le portent à rechercher une dot en même temps qu'une femme. La jeune fille sans situation, bien gardée dans sa famille, ce qui est l'idéal de la jeune fille à marier, ne trouve pas toujours, dans le cercle restreint des relations de ses parents, le compagnon qu'elle attend. Si elle est sans beauté, sans fortune, surtout, il y a de grandes chances pour qu'on ne vienne pas la chercher. J'en ai connu, de ces jeunes filles, perdues dans quelque coin de province, dont le trousseau s'éternisait, pour rester finalement sans emploi. De jeunes, elles sont devenues vieilles, et l'espérance les a quittées, mais non pas toujours le désir du bonheur — peut-être illusoire — qu'on leur avait fait espérer. Je les plains et vous les plaignez comme moi, sans doute, ces pauvres êtres qui s'étiolent lentement et qui, comme d'autres pourtant, étaient dignes d'une vie plus large. Quand je songe à elles, il me revient parfois en mémoire ces vers très païens de notre vieux poète Ronsard :

« Vivez, si m'en croyez, n'attendez à demain;
« Cueillez dès aujourd'hui les roses de la vie. »

Hélas! les roses, elles ne les ont pas cueillies; elles ne les cueilleront pas, les pauvres vieilles filles, dont le cœur s'est engourdi à force d'avoir vainement espéré et dont la vie ne fut qu'un grand désert. De l'existence, elles n'auront connu que l'assoupissante monotonie; de la famille, elles auront eu les soucis, sans en connaître les joies. Elles passent, résignées comme des ombres, victimes des préjugés qu'on a mis en elles et que leur conscience puérile n'a pas osé secouer! Mais, le cœur se venge parfois de n'avoir pu s'épanouir librement, et c'est pour cela que dans l'ombre irréelle et fantastique des cathédrales, on voit tant de visages flétris incliner leur profil. Toutes les forces perdues pour l'humanité s'en vont vers les extases mystiques et les modulations caressantes d'une voix de prêtre, parlant d'amour divin et d'éternel paradis, consoleront du mal de vivre celles qui n'ont pas connu la vie. Les vieilles filles — je ne dis pas seulement elles, mais elles surtout — sont la proie toute désignée de la religion, de ses pièges grossiers et de ses leurres; et ce n'est pas la faute de leur sexe, mais bien de l'oppression séculaire qui pèse sur la femme, de l'éducation qu'elles ont reçue, de l'engourdissement dans lequel on a plongé leur intelligence et leur volonté.

Cette oppression, cet engourdissement pèsent à un moindre degré sur la femme qui travaille de sa pensée et qui se fait sa vie. Celle-ci, célibataire, veuve ou divorcée est, quoique solitaire, très différente de la vieille fille. Elle n'est pas résignée, parce qu'elle a compris la vie et qu'il y a peu de bonheur à en attendre, mais que la lutte en fait toute la beauté. Elle n'est pas mystique, au sens religieux du mot, parce que sa raison s'est éclairée des souffrances humaines qu'elle a vécues ou qu'elle a frôlées. Si elle garde de la femme la sensibilité douloureuse, elle est très proche de l'homme, par l'intelligence et par la volonté. Cependant, elle n'est pas pratiquement son égale. Et d'abord, parce qu'avant de conquérir sa place dans la vie, il lui a fallu se conquérir elle-même. Ce n'est pas en un jour que s'évanouissent les tendances ataviques à la résignation courageuse mais humble; ce n'est pas en un jour que meurent les préjugés dont toute une enfance fut bercée; ce n'est pas en un jour non plus qu'une raison longtemps enchaînée devient capable de juger et de dominer la vie. Quand elle s'est, après bien des luttes, en partie conquise, c'est alors qu'il lui faut faire sa place à côté de l'homme et souvent contre lui. Inégales sont les conditions. A défaut de la loi, l'homme a pour lui le préjugé toujours, et la coutume. Les portes de toutes les carrières s'ouvrent pour lui toutes grandes, tandis que pour la femme, elles s'entrebaillent à peine. Dans les arts et la littérature, la femme, soit disant inférieure, commence à se frayer sa place à côté de l'homme. Mais, dans les professions libérales, comme celles de médecin, avocat, où elle ne fut admise qu'après des luttes homériques, que de préjugés n'y a-t-il pas encore contre elle! La grande majorité des gens préfère encore à une femme médecin, intelligente et dévouée, un homme exerçant la même profession, fût-il incapable. Dans les carrières administratives, les femmes ne sont encore, à quelques exceptions près, admises qu'aux emplois fatigants, comme les postes, l'enseignement, et rarement à des grades supérieurs. De toutes les carrières faciles à remplir, comme les emplois de bureau, par exemple, où elles seraient mieux à leur place que partout ailleurs, elles sont systématiquement écartées. L'homme ne serait-il donc pas bien sûr de l'infériorité intellectuelle de la femme qu'il ne lui ouvre pas les portes toutes grandes? Ainsi, éducation et atavisme d'une part, difficultés pratiques de l'autre, la femme qui travaille intellectuellement se voit de toutes parts arrêtée, refoulée, dans l'expansion de son individualité, et comme il lui faut vivre pourtant, elle végète, elle se consume en une lutte aride, continue, sans profit pour elle-même et pour l'humanité.

La femme ouvrière n'est pas la moins malheureuse ni la moins indignement traitée. Elle a accès dans presque toutes les industries et y fait à peu près le même travail que l'homme; elle travaille autant et aussi bien ; mais, en raison de son sexe, elle est payée moins. Ces différences de salaires ont des causes économiques et sociales très complexes, qu'il serait trop long de rechercher ici. Je me bornerai à les signaler et à les déplorer comme une criante injustice, dont les consciences honnêtes, même masculines, devraient s'émouvoir. Il ne fut jamais beau d'exploiter le faible; mais cela est plus indigne encore, quand ce faible est la femme, condamnée au travail par des nécessités sociales plutôt que par libre choix, et cependant gardienne encore de la race et du foyer! Et, j'ose à peine parler de la corruption des chefs, qui, bien plus que celle des ouvriers, fait dans les ateliers mixtes tant de victimes. Qu'on lise « *la Jungle* » d'Upton Sinclair, et l'on verra ce que devient la malheureuse ouvrière entraînée dans les abattoirs. Chair à travail, il faut qu'elle soit aussi chair à plaisir! Qu'on se souvienne de la grève des fabriques de porcelaine de Limoges, déclarée et soutenue pour défendre les ouvrières contre la corruption d'un contremaître. Si, devant les tentations et la misère, quelques-unes n'ont pas toujours l'héroïsme qu'elles devraient avoir, et si elles tombent, ce n'est pas à l'homme à le leur reprocher, puisque, dans tout le sens du mot, il en profite et qu'il en est la cause.

C'est en grande partie parmi les ouvrières malheureuses que se recrutent les prostituées. Si elles ont une excuse pour se vendre, nous n'avons pas à le rechercher ici; mais, j'estime que nous devons rejeter notre réprobation, non pas sur elles, mais sur les corrupteurs et surtout sur une organisation sociale qui n'offre que la honte comme remède à la misère!

A travers ces situations et ces rôles très divers, la femme apparaît toujours, remarquons-le, comme une sacrifiée et comme une victime. Elle est victime, tantôt de l'homme et des lois, tantôt des préjugés qui paralysent ses efforts, de l'éducation qui l'infériorise, de l'engourdissement atavique qui pèse sur ses facultés. Sous quelque aspect qu'on considère sa vie, elle expie toujours le crime d'être faible, dont tant de siècles d'esclavage ne l'ont pas sans doute purifiée!

Si je passe maintenant au rôle idéal de la femme, à celui qu'elle souhaite et qui se prépare pour elle à travers ses souffrances, il sera, je n'ai pas besoin de le dire, très différent de son rôle actuel.

Ce que la femme demande, ce qu'elle attend de l'avenir, c'est la fin des misères qui ne sont pas nécessaires au bien général et que sa nature ne comporte pas plus que celle de l'homme. Elle veut, comme lui, pouvoir se développer librement, pouvoir penser et agir par elle-même et se mêler à toutes les luttes qui intéressent le sort de l'humanité. Etre épouse et mère, elle le veut bien; c'est son devoir et c'est peut-être parfois son désir; mais elle entend choisir son heure, selon la nature et que ce soit autrement que pour souffrir! Et, si, comme on l'a dit, l'amour est pour elle un esclavage, elle veut du moins l'avoir librement consenti et que ce soit le seul! Elle ne veut plus être considérée comme un objet de nécessité, de luxe ou de plaisir, selon les cas; mais elle veut être respectée toujours et estimée pour elle-même, pour ce qu'elle vaut intellectuellement et moralement. Elle a passé résignée sous la loi de l'homme, à travers les ténèbres des siècles barbares, sa vie d'esclave lui donnant une mentalité d'esclave. Mais des crises sociales sont venues, qui ont bouleversé les consciences et enseigné aux humbles le chemin des revendications. Comme le prolétaire, la femme était humble, et, comme lui, elle s'est réveillée. Des profondeurs de sa conscience endormie, une voix s'est levée qui lui a dit : « Avant que d'être femme, tu es un être humain et, comme tel, tu as droit à ta part de bonheur et de liberté! Avant que d'être par l'homme et pour la race, tu es par toi-même et pour toi-même. Quels que soient avec l'homme tes rapports, quel que soit ton rôle dans l'œuvre de conservation de l'espèce, ta vie morale n'en doit pas dépendre et tes droits ne sauraient sans iniquité leur être asservis! »

Ces droits qu'elle demande, ce sont ceux que réclamait le peuple, lorsqu'il se rebellait contre la tyranie, et que nous pouvons lire dans la Déclaration des Droits de l'Homme. Ce sont ceux aussi que demandaient les femmes de la Révolution et qu'Olympe de Gouges a exposés dans la Déclaration des Droits de la Femme. Cette déclaration, qui est un amusant pastiche de celle des droits de l'homme, en voici quelques articles :

« La Femme naît libre et égale en droits à l'homme. Le principe de toute souveraineté réside dans la Nation qui n'est que la réunion des hommes et des femmes. La loi doit être égale pour tous. Tous les citoyens et toutes les citoyennes, étant égaux à ses yeux, doivent être également admissibles à toutes les dignités et à tous les emplois. La femme a le droit de monter à l'échafaud; elle doit avoir aussi celui de monter à la tribune. »

Cette déclaration, si étonnant que cela puisse paraître, trouva des défenseurs parmi les hommes de la Révolution, et le froid, le calme Siéyès fut l'un d'entre eux. Mais d'autres protestèrent et parmi eux, le bouillant Mirabeau. Il craignit — ce sont ses paroles — « d'oblitérer l'exquise sensibilité des femmes; de les exposer à des périls d'une vie qu'elles ne pourraient apprendre à supporter qu'en dénaturant leur constitution physique; de les flatter par de vaines prérogatives; de les dégrader pour elles-mêmes et pour les hommes ». Si Mirabeau prononça ces paroles, c'est que, portant à un très haut degré toutes les passions humaines, il possédait, malgré sa vaste intelligence, un égoïsme extrême, et c'est aussi qu'étant très débauché, il connaissait mal la femme. Quelques hommes nous disent encore aujourd'hui les mêmes choses, et ce sont ceux qui ne la connaissent pas mieux que lui ; mais il en est heureusement qui nous savent mieux comprendre. Quoi qu'il en soit, la femme moderne demande, elle aussi, l'égalité en droits de l'homme et de la femme, l'admissibilité de celle-ci à tous les emplois qu'elle est apte à remplir, et sa participation à la souveraineté nationale. Elle trouve, à son tour, que quiconque a droit à la souffrance et au labeur, doit aussi avoir droit à la liberté et au bonheur. Et j'ajouterai qu'elle demande à égalité de travail, égalité de salaire, et qu'elle souhaite, avant même ses droits civils et politiques, son relèvement moral dans la Famille et dans la Société, et les moyens d'ouvrir son intelligence et d'éclairer sa raison.

L'égalité de droits civils existe ou à peu près, hors du mariage. Mais pourquoi la femme retombe-t-elle en tutelle dès qu'elle crée une famille et que par conséquent son importance sociale grandit? Pourquoi n'a-t-elle pas le libre usage et la responsabilité de ses propres biens, que des contrats plus ou moins compliqués mettent mal à l'abri des malversations d'un mari parfois déshonnête? Et pourquoi faut-il que ce soit l'homme toujours qui ait le dernier mot dans toutes les décisions graves, même s'il est moralement et intellectuellement inférieur?

En ce qui concerne l'admissibilité aux emplois, la femme demande simplement à n'être pas arbitrairement déclarée incapable de certaines fonctions. Elle voudrait bien, pour ménager la faible constitution physique qu'on lui a si souvent reproché, avoir le droit de briguer sa place aux postes les moins pénibles et les mieux rétribués. Et, puisque l'homme n'est pas toujours capable de la faire vivre, elle demande qu'il lui permette au moins de vivre par elle-même à côté de lui, et qu'il lui en laisse tous les moyens.

De l'égalité des salaires, j'ai déjà dit ce que je pensais : je ne sache pas que le travail ait un sexe.

Si la femme demande ses droits politiques, c'est que le passé lui a prouvé qu'elle ne pouvait pas s'en reposer entièrement sur l'homme de la défense de ses intérêts; c'est qu'elle est peuple et que, comme le peuple, elle a confiance dans l'efficacité du suffrage universel. Si elle se trompe et si ce suffrage est, comme on l'a dit, un leurre, elle demande ce leurre encore, comme le symbole de sa liberté nouvelle!

Si la femme demande son relèvement intellectuel et moral, c'est qu'elle se sent au-dessus des travaux qu'on lui assigne trop exclusivement, et qu'elle vaut mieux, elle le sait, que l'opinion qu'on a d'elle. L'homme, trop souvent, la méprise ou fait profession de la mépriser, sans se donner la peine de la bien connaître et sans chercher au fond de sa nature morale les choses qui y sont grandes et belles, et que tant d'injustes souffrances n'ont pas tout à fait étouffées. Et elle sait aussi qu'elle n'est pas elle-même ce qu'elle pourrait être, que son long esclavage a beaucoup affaibli sa raison, exalté son imagination, faussé ses sentiments. Elle ne demande qu'à acquérir la force saine et droite qu'on lui reproche de n'avoir pas; mais il lui en faut les moyens.

Je n'ignore pas quels arguments de tous ordres on oppose à l'émancipation sociale, politique, morale et intellectuelle de la femme. Ces arguments, dont vous me permettrez d'examiner quelques-uns, sont tous, laissez-moi le dire, ou grossiers ou enfantins, et cachent mal un aveuglement volontaire de la part de ceux qui nous les opposent.

Dans l'examen que je vais faire de ces arguments, je voudrais bien qu'on ne se méprît pas sur mon intention ni sur le sens de mes paroles. Mon but, en défendant la femme, n'est pas de déprécier l'homme, ou de montrer qu'il est inférieur; je sais que cela n'est pas; je sais qu'il est beaucoup d'hommes honnêtes, bons, généreux même, et qu'il peut y avoir par contre de méchantes femmes. Et je n'ignore pas non plus que l'homme et la femme étant compagnons naturels, étant frère et sœur dans la grande famille humaine, ce serait agir maladroitement que de vouloir abaisser l'un, sous prétexte de relever l'autre. Ce que je veux, en répondant même un peu sévèrement aux choses qui nous sont dites, c'est simplement en montrer l'iniquité à ceux qui nous les disent, et prévenir ceux qui, n'ayant peut-être pas assez réfléchi, se laisseraient entraîner à nous juger injustement.

Le premier qui se présente, c'est l'éternel argument de l'infériorité physiologique de la femme. Je voudrais le passer sous silence, tant il me paraît grossier et banal; mais puisqu'il revient toujours, il faut y répondre. On nous l'a dit assez, que nous étions physiologiquement inférieures, et nous devons le savoir. Si nous persistons néanmoins à réclamer nos droits, c'est peut-être que nous ne sommes pas bien sûres, en dépit de toutes les protestations masculines, que cette infériorité ait sur nos facultés intellectuelles et morales, la répercussion qu'on lui attribue; et notre logique en défaut ne comprend pas bien non plus le rapport qu'il peut y avoir entre une fonction naturelle, si importante soit-elle, et, par exemple, un bulletin de vote. Et pour ma part, je m'étonne fort, je l'avoue, que, dans une société civilisée comme la nôtre, produit essentiellement conventionnel, où toutes les institutions sont arbitraires, on ose encore se réclamer, pour refuser à la femme ses droits, de la différenciation naturelle des êtres. Je m'étonne surtout qu'au siècle de haute culture intellectuelle et de rationalisme où nous vivons, tous les hommes n'aient pas encore appris à regarder plus loin et plus haut que ces choses qui, pour être organiques et nécessaires, n'en sont pas moins les petites misères et les tares de l'humaine nature. Dans cette persistance de l'homme à vouloir opprimer la femme parce qu'elle est physiquement faible, je vois la survivance de mœurs barbares et d'une mentalité barbare. A l'origine du monde, quand l'homme et la femme étaient brutes tous les deux, l'homme, en effet, dût être le plus fort et imposa naturellement sa loi; mais nous sommes loin de ces temps primitifs : des facultés supérieures se sont développées dans l'être humain ; ses instincts se sont singulièrement affinés et l'homme, pas plus que la femme, j'imagine, ne saurait aujourd'hui vivre seulement par eux. Des notions de morale et de justice aussi sont nées dans les consciences, se sont développées et ont pénétré nos institutions et nos lois. Depuis les lois relatives à la répression des brigandages et des crimes jusqu'à nos lois les plus récentes sur le travail, je vois que partout, on s'efforce de mettre le faible à l'abri des attaques du fort et de son oppression. Et cependant, on continue d'opprimer la femme. Ceci me semble une anomalie dans notre monde civilisé, une iniquité dont devraient rougir les consciences modernes; et, pour en exprimer mon indignation, permettez-moi de faire appel aux sages paroles d'un Stuart Mill : « La subordination sociale des femmes, a-t-il dit après Condorcet, surgit comme un fait isolé au milieu des institutions sociales modernes; c'est une lacune dans leur principe fondamental, c'est le seul vestige d'un vieux monde intellectuel et moral détruit partout ailleurs, mais conservé sur un seul point, celui qui présente l'intérêt le plus universel ». Vous voyez que nous avons des défenseurs parmi les philosophes et, s'il en est qui s'attachent à ravaler la femme au niveau d'une chose purement sexuelle, il en est d'autres, heureusement, qui la savent considérer dans sa dignité d'être humain. Si donc, il est encore à notre époque quelques hommes assez ignorants des facultés supérieures de l'Etre pour baser leur morale et leurs idées de justice sur la physiologie, laissons-les dire et restons bien persuadées que s'ils font si grand cas de leur supériorité physique, c'est qu'ils ne pourraient pas se réclamer d'une autre.

Le second argument, dont nous nous permettons de sourire, c'est que la femme ne doit pas être un homme. Il n'était peut-être pas bien nécessaire de nous le dire. La chose, si nous le voulions, nous serait impossible et nous n'en avons pas envie. Si quelques femmes ont cru devoir affecter des allures masculines, c'est probablement qu'elles n'avaient pas une opinion très haute de leur grâce personnelle; mais je connais bon nombre de femmes qui en ont une meilleure et qui seraient fâchées d'avoir à revêtir le costume masculin, ou à imiter l'homme dans son apparence extérieure. Et, pas plus moralement que physiquement, l'exercice de droits égaux n'entraîne l'uniformité. Tous les hommes jouissent des mêmes droits et cependant leur intelligence, leur valeur morale, leurs sentiments, leurs habitudes varient à l'infini.

On a dit que l'affranchissement de la femme mettait en danger la famille. Je ne vois pas bien comment. L'homme est citoyen et cela ne l'empêche pas de rentrer à son foyer. Et la femme elle-même ne saurait être plus détachée de la famille et plus corrompue par l'exercice de ses droits politiques qu'elle ne l'est à l'heure actuelle par la vie de l'atelier. Si elle reste épouse et mère malgré son travail extérieur, c'est que son cœur la retient, et il nous est permis d'espérer qu'il la retiendra toujours. S'il fallait, pour la garder au foyer, la condamner à l'asservissement et à l'ignorance, je n'estimerais pas le moyen bien noble ni la famille bien digne. Qu'on se rassure. Le féminisme ne vient point prêcher à la femme le célibat, ni le mépris des soins maternels et des occupations ménagères. L'instinct a ses droits qu'il aura toujours, et les travaux du ménage paraîtraient moins casaniers si la femme pouvait s'en délasser parfois, non par des occupations frivoles comme elle le fait trop souvent, mais en ouvrant son esprit aux pensées sérieuses, son cœur aux sentiments humanitaires, en participant plus intelligemment et plus activement à toutes les manifestations de la vie générale.

On a dit encore qu'émanciper les femmes, c'était, en les dégageant de tous les préjugés qui les retiennent, les livrer sans défense à leurs caprices et à leurs passions. La réponse est facile à ces apôtres des mœurs, mais elle sera dure. Ceux d'entre les hommes qui parlent ainsi montrent qu'ils jugent la femme à leur image, et cela n'est pas beau toujours. La liberté jamais ne fut contraire à la morale pour qui sut s'en servir et, si chez l'homme elle engendre parfois le vice, ce n'est pas sa faute à elle, à la liberté, mais à quelques hommes qui n'en étaient pas dignes. Et d'ailleurs, ce qui est mal pour la femme ne saurait être bien pour l'homme, et déjà Sénèque avait dit : « De quel droit imposes-tu la chasteté à ta femme quand tu corromps celle d'autrui? Tu n'as pas plus le droit d'avoir des maîtresses, que ta femme d'avoir des amants. »

L'objection la plus grave qu'on ait peut-être faite à l'émancipation de la femme est l'accusation qu'on lui a portée d'être moralement et intellectuellement inférieure à l'homme. Je crois avoir indiqué déjà que, si cette infériorité, qui n'est pas toujours, existe parfois, elle est moins dûe à la nature de la femme qu'à son passé. Dans ce passé, il nous est facile de distinguer deux influences : celle du christianisme et celle de l'homme. Le christianisme a dit à la femme : « Tu as tenté l'homme et tu lui as fait perdre son paradis ». En lui apprenant qu'elle était perverse, il l'y a rendue. Et pour lui faire expier l'originel péché — qu'elle n'avait pas cependant commis seule — il l'exclut à jamais du sacerdoce; il la livre à l'autorité du prêtre, de l'homme: il l'infériorise; il fait plus : en l'attirant par la promesse d'un vain bonheur, par l'amour d'un dieu enfant, d'un dieu martyr, il s'empare de son esprit et de son cœur; il en fait l'être mystique et résigné qu'elle est parfois encore aujourd'hui, et qu'elle voudrait bien ne pas rester toujours. L'homme, de son côté, a gardé la femme comme un enfant et comme une esclave pendant des siècles; ce n'était pas le moyen de donner à son esprit beaucoup de vigueur. Nos aïeules étaient les servantes résignées du foyer dont l'homme rêve toujours : leur intelligence n'était pas largement ouverte au monde de la pensée, et, si la nôtre, qui s'ouvre à peine, a de grandes faiblesses parfois, elle a bien son excuse. Nos aïeules non plus ne connaissaient pas la lutte extérieure pour la vie; nous sommes encore très neuves dans cette lutte et si nous y sommes inhabiles, ce qui n'est pas toujours, ce n'est pas à l'homme à nous le reprocher.

Si j'examine en détail les défauts dont on accuse la femme, je trouve, qu'en dehors de toute excuse, ils n'ont pas l'importance sociale qu'on leur attribue. Si la femme est frivole, coquette, médisante — elle ne l'est pas toujours autant qu'on veut bien le dire et l'homme, sur ces points, lui ressemble parfois — c'est que

son intelligence, qui est, a besoin de s'exercer et qu'à défaut de choses sérieuses, elle se rabat sur les puériles. Si elle est résignée, c'est qu'elle est patiente et courageuse, et qu'on ne lui a pas encore appris à diriger son courage. Si elle est mystique, c'est qu'elle est capable de pitié, de dévouement et d'enthousiasme; et, ces sentiments qui sont peut-être un mal pour elle-même, à condition que sa raison s'éclaire, n'en seront pas un pour l'humanité.

Il me resterait à examiner bien d'autres arguments; mais tous se ramènent plus ou moins à ceux que j'ai indiqués déjà; et je crois avoir suffisamment montré que la femme n'est sous aucun rapport indigne d'être, dans notre société civilisée, l'égale de l'homme, et de jouir des mêmes droits que lui. Et cet affranchissement, loin d'être un mal, serait un bien, non seulement pour la femme elle-même, mais encore pour l'homme et pour l'humanité.

L'homme y gagnerait de pouvoir mieux comprendre et mieux apprécier sa compagne naturelle. Je ne sais qui a dit que la valeur morale d'un homme se mesure à l'opinion qu'il a de la femme; mais je serais tentée de croire que cette pensée exprime une grande vérité. Et, en tout cas, ce qui est certain, c'est qu'il est douloureux toujours d'avoir à mépriser ceux avec qui l'on doit vivre. Quand l'homme méprise la femme ou, ce qui est plus triste, quand l'homme marié croit devoir dédaigner sa femme, j'estime qu'il se prive d'une source féconde de joies très pures. Par des rapports intellectuels plus fréquents avec les femmes, les hommes s'affineraient et cela, pour quelques-uns, ne serait pas un mal. Mais, à l'affranchissement de la femme, l'homme gagnerait surtout d'avoir à ses côtés, non plus la servante docile et attentive à ses seuls besoins matériels, mais l'amie dont il rêve parfois et qu'il sait si rarement découvrir, mais la compagne vaillante et éclairée de tous ses espoirs et de toutes ses luttes.

Et l'humanité, c'est-à-dire l'avenir, ce qui ne meurt pas, gagnerait surtout à l'affranchissement de la femme. L'humanité ne saurait être grande et belle, tant qu'il y aura sur terre des victimes sacrifiées à la force, tant qu'il y aura des consciences aveuglées par l'erreur et par l'ignorance, tant que les humbles gémiront et aspireront vainement à leur part de bonheur. Et puis, qu'on songe à toutes les forces qui étaient latentes au cœur des esclaves du temps passé; à toutes les forces qui se sont perdues, faute d'un peu de lumière pour les éclairer, faute d'un peu de liberté pour leur permettre d'éclore. Ces femmes qui passaient leur vie à l'âtre du foyer, ces vierges qui priaient au pied des autels, elles avaient peut-être leur rêve de justice, comme nous avons le nôtre; elles cherchaient peut-être la vérité, comme nous la cherchons et peut-être, en leur conscience obscure, y avait-il comme un germe des grands espoirs qui ont soulevé le monde. Ce que l'humanité a perdu dans la femme du passé, elle ne le sait pas; mais elle l'apprendra le jour où, libérée, la femme aura sa part des grandes crises et des luttes ardentes.

En attendant cette ère nouvelle de l'émancipation intégrale de la femme, nous devons préparer l'avenir, non par des moyens violents, mais en nous efforçant chaque jour de nous rendre plus dignes des droits que nous réclamons, en nous instruisant, en dégageant notre esprit de tous les préjugés, en combattant autour de nous les jugements erronés, vieux comme le monde, qui ont cours sur notre infériorité. Et surtout ce qu'il faut faire, c'est lutter contre l'ignorance, l'apathie de la grande, de l'immense majorité des femmes — je dirai plus — c'est vaincre leur hostilité à une cause qui est la leur cependant et dont elles méconnaissent la grandeur.

Voilà ce que travaillent à réaliser, chacun dans des sphères différentes et par leurs moyens propres, à la fois le Conseil International des Femmes et quelque temps avant sa formation, la Franc-Maçonnerie Mixte, dont les groupements sont organisés dans le monde entier. Leurs adhérents ont compris en effet que la femme, être humain comme l'homme, avait droit à la vie libre, qu'elle souffrait sans l'avoir mérité et que cette souffrance était un stigmate de honte au front de l'humanité; ils ont compris aussi qu'il fallait arracher l'esprit de la femme comme celui de l'homme, à l'ignorance et à l'erreur où la tenaient ensevelie des siècles d'oppression cléricale, et, une fois libérée, qu'il fallait la conduire vers un but utile et un idéal humain; — et ils se sont mis tous ensemble à lutter pour le développement et le triomphe du mouvement féministe.

Gagner pour la femme un petit bulletin de vote, qu'elle ira déposer régulièrement dans l'urne comme son compagnon, cela n'est rien en apparence; mais cela représente une victoire énorme sur tous les préjugés qui nous tiennent maintenant asservies, et c'est la porte ouverte à toutes les réformes pour l'amélioration de de notre sort. Il ne suffit pas que quelques hommes généreux

— trop peu nombreux — prennent en public la défense de nos intérêts, il faut que nous puissions efficacement les aider, et la cause de la femme ne saurait être mieux défendue que par la femme elle-même. Il faut qu'elle participe comme l'homme à l'élaboration de la loi, puisque comme lui elle la subit; il faut, pour qu'elle soit vraiment son égale, qu'elle partage avec lui tous les droits comme elle partage tous les devoirs. L'harmonie sociale est à ce prix, et la cité future dont nous rêvons tous naîtra seulement quand la femme sera affranchie et relevée, et quand toutes les forces unies de l'humanité iront s'épanouissant dans la liberté et dans la justice.

Thérèse MERCIER.

Imp. BUQUET, 20, pass. du Pont-Neuf

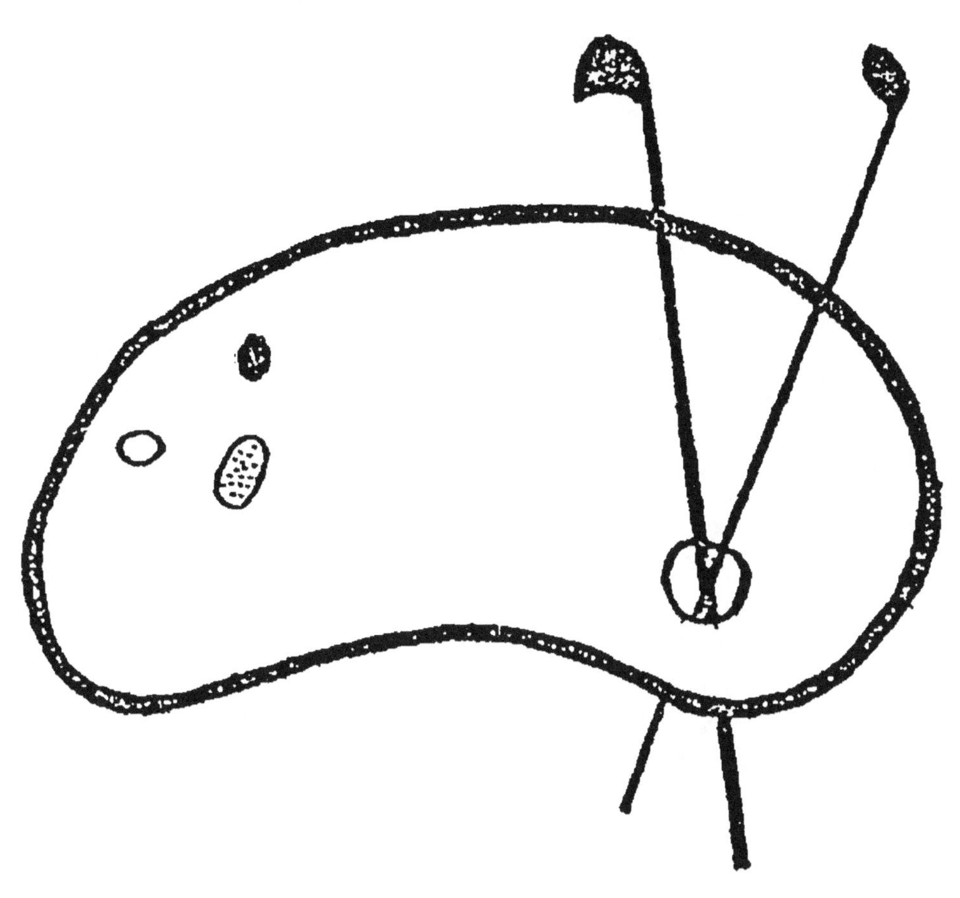

www.ingramcontent.com/pod-product-compliance
Lightning Source LLC
LaVergne TN
LVHW010300230826
846091LV00007B/3077

* 9 7 8 2 0 1 3 4 3 0 6 5 4 *